MANUEL

DU

VRAI RÉPUBLICAIN

PAR

PIERRE DES PILLIERS

(11e Édition)

Prix : 40 Centimes

CHAMBÉRY

IMPRIMERIE MÉNARD, RUE JUIVERIE

HOTEL D'ALLINGES

1886

PRÉFACE

DE LA SIXIÈME ÉDITION

En quelques mois des années 1872 et 1873, cinq éditions du présent *Manuel* se sont écoulées. Mais, depuis dix ans bientôt, il n'a pu même en rentrer *un seul* exemplaire en France. Or, voici ce qui porta « l'Ordre moral » à frapper ce petit écrit d'ostracisme :

Un maire républicain de la Gironde, ayant lu très attentivement ce *Manuel*, le jugea si propre à créer des républicains parmi les campagnards que, dès le lendemain, il m'en demanda vingt autres exemplaires.

Près de sa commune en était une autre extrêmement cléricale, et de laquelle on espérait en tout vingt votes favorables au candidat républicain, M. Caduc.

Confiant les vingt exemplaires à l'un de ses administrés, en lui donnant les vingt adresses des citoyens auxquels il devait en remettre un, il lui dit :

—Recommande à chacun de nos amis de N... de garder son exemplaire un seul jour, pour le lire, et de ne le prêter que pour un jour encore à son voisin; le lendemain, il le prêtera de nou-

veau pour un seul jour à quelque autre voisin,
et toujours ainsi jusqu'à ce qu'il ait été lu dans
toutes les familles.

A la suite de ce programme, exécuté ponctuellement, le *Manuel du vrai républicain* opéra
dans la commune un revirement prodigieux.

En vain le maire, assez clérical par lui-même,
et d'ailleurs excité par le curé, crut-il pouvoir
paralyser l'effet produit par le *Manuel*, en poursuivant celui-ci jusqu'au sein des familles jadis
réactionnaires, dont il viola le domicile, accompagné qu'il fut d'ailleurs de deux gendarmes
foulant aux pieds la loi ; les cléricaux des jours
précédents, transformés en républicains, leur
répondaient :

— Oui, Messieurs, j'ai lu ce *Manuel* de Pierre
des Pilliers. Il est fort clair et m'a parfaitement
convaincu. Je ne puis vous le remettre, attendu,
d'abord, qu'il ne m'appartient pas, et que, de
plus, je ne l'ai gardé qu'un jour pour permettre
au possesseur de le prêter à d'autres qu'à moi.

Le maire et les gendarmes s'en retournèrent
décontenancés.

Ils le furent bien autrement, quinze jours
après, quand le vote eut lieu pour l'élection des
députés. Au lieu des vingt votes républicains
espérés, la commune en donna cent vingt et un
à M. Gaduc : le candidat réactionnaire en obtint
trente et un seulement sur les cent cinquante-
deux votants.

Les journaux de la contrée ayant raconté le fait, tout aussitôt « *l'Ordre moral* » interdit le sol français à mon *Manuel*. Or, n'en ayant pas conservé même *un* exemplaire à mon usage, il ne m'a pas été donné, depuis le 31 juillet 1881, jour de la proclamation de la loi sur la liberté de la presse, de pouvoir le rééditer.

L'un de mes amis d'enfance, en me l'offrant tout récemment, vient de me mettre en état de le publier de nouveau. C'est ce que je fais avec grand plaisir, attendu que de nombreux amis m'assurent que, moyennant quelques chapitres additionnels, il est appelé de nos jours à produire encore un grand effet, surtout parmi les populations rurales.

Je serai bien récompensé de mes efforts si je puis contribuer de la sorte à républicaniser, comme à décléricaliser de plus en plus la France en retouchant de mon mieux, au commencement de 1883, ce consciencieux travail de 1872.

Que les vrais républicains, à l'imitation de ce digne maître de la Gironde en répandant vingt exemplaires chez les cléricaux, m'aident de tout leur pouvoir à propager ce *Manuel*, et les partis réactionnaires auront vécu.

PRÉFACE

DE LA ONZIÈME ÉDITION

———

Si je me plais à rééditer le présent travail, c'est que l'expérience a démontré qu'en tous les départements où les républicains l'ont propagé, l'on a vu s'accroître énormément le nombre des votes en faveur de la République. Ainsi, dans les Vosges, dans l'Allier, dans le Puy-de-Dôme, etc., où ledit *Manuel* a circulé de mains en mains, les dernieres élections d'Octobre ont donné fort heureusement au parti du progrès une majorité tout à fait écrasante. Or, la même cause est appelée à produire en tous lieux les mêmes effets. Que les républicains de tous les départements, mais surtout de ceux dont la majorité n'est pas encore assez fortement assise, aient à cœur de faire autour d'eux une propagande active et continue, en faisant lire aux cléricaux, leurs voisins, ce travail si clair, si peu prétentieux, et bientôt ils recueilleront les heureux fruits de leur léger sacrifice.

Ambert (Puy-de-Dôme), 2 février 1886.

PIERRE DES PILLIERS,
*Propriétaire à Grandfontaine.
par Saint-Witt (Doubs)*

CHAPITRE PREMIER

Des Conditions de la République.

D'où dérive le mot *république?*

De ces deux mots latins : *res publica*, signifiant *la chose publique.*

Qu'est-ce alors qu'un vrai républicain?

C'est le partisan dévoué de la *chose publique*, ou de l'intérêt général de tous ses concitoyens.

Qu'entend-on par *gouvernement républicain?*

Celui d'un pays libre où chacun est soumis aux lois, où rien ne dépend d'un pouvoir arbitraire.

Comment fonctionne-t-il?

Par une ou par deux Assemblées élues en toute liberté, déléguant le pouvoir exécutif, sous leur autorité souveraine, à l'un ou même à plusieurs de ses membres.

Vaut-il mieux avoir *deux* Assemblées qu'*une?*

La réponse est difficile. En *théorie*, il paraît qu'*une seule* est préférable, en vertu de ce dilemme : Ou le Sénat est d'accord avec l'autre Chambre, en ce cas il est inutile ; ou le Sénat lui fait de l'opposition, alors il est nuisible. En *pratique*, on dirait que deux Assemblées sont préférables, vu que la Chambre des députés pouvant avoir beaucoup de membres jeunes, fougueux, inexpérients, le Sénat, composé d'augustes vieillards, pleins de sagesse et de maturité, peut remédier aux périlleux entraînements de ladite Chambre.

On pourrait peut-être essayer de faire une Assemblée *unique* en la formant de manière à posséder en son propre sein l'élément pondérateur, si profitable et souvent si nécessaire. ·

Et comment cela, je vous prie?

En élevant l'âge auquel un citoyen pourrait être élu député, soit trente-cinq ans s'il est veuf ou marié, quarante ans s'il est resté célibataire, attendu que ce dernier a moins d'expérience en ce qui touche à la femme, aux enfants, à la famille en général.

Quels sont les principes républicains?

La liberté, l'égalité, la fraternité des hommes.

Quels sont ceux de la monarchie?

La domination des uns, la servitude des autres, la distinction des hommes en castes ; par conséquent l'inégalité, l'antifraternité.

Doit-on préférer la république à la monarchie?

Autant que la liberté doit être préférée à l'esclavage et la justice à l'iniquité, comme aussi le dévouement à l'égoïsme.

La liberté, l'égalité, la fraternité sont-elles conciliables avec la monarchie?

Non ; car, fût-il bon, le monarque est entouré malgré lui de flatteurs qui le trompent, lui donnant, à leur profit, des conseils opposés aux intérêts du peuple. Or, de là vient l'asservissement des pauvres par les riches, des gouvernés par les gouvernants, au lieu du règne impartial des lois.

La monarchie est-elle un motif de stabilité?

Oui, pour le mensonge et la corruption, pour l'hypocrisie et l'abaissement des caractères, pour le privilège et l'iniquité, pour le despotisme et l'asservissement, pour le faste et la misère, et non pour l'affermissement de l'ordre.

Et quoi donc rend l'ordre stable ?

Le vrai, le juste et le bien ; ce que la République entend réaliser par sa devise :

LIBERTÉ, ÉGALITÉ, FRATERNITÉ.

CHAPITRE SECOND

De la Liberté.

Qu'est-ce que la liberté ?

C'est la faculté d'agir suivant le droit.

Ce n'est donc point celle de tout faire ?

Oh ! non ; celle-ci s'appelle *licence*.

Quelles sont les conditions d'un acte libre?

Qu'il soit fait avec connaissance de cause, avec possession de soi-même et plein consentement.

Sans ces conditions, un acte est-il libre ?

Non, l'agent n'ayant su ce qu'il faisait.

Un acte non libre est-il valide et moral ?

Il est nul de la part de l'exécuteur, et immoral dans l'agent qui l'aurait extorqué par le mensonge, ou la contrainte, ou l'enivrement, ou tout autre moyen illégitime.

Est-ce qu'on pourrait le légitimer par le temps ?

Rien ne légitime ce qui de soi-même est immoral.

La liberté serait donc un bien pour l'individu ?

C'est son plus grand, comme étant la base du droit et la première condition de la moralité.

Serait-elle un grand bien pour l'ordre social ?

C'est le plus puissant préservatif des troubles.

De quelle manière?

Elle enléve tout motif de plaintes, et affermit l'ordre en donnant au gouvernement l'appui moral de la nation, pour arrêter et réprimer quiconque essaierait de changer la constitution au profit d'un despote ou d'une caste.

Peut-elle être, ou *limitée*, ou *réglée?*

Limitée? Non; car on ne peut limiter le droit : il existe ou n'existe pas. *Réglée?* Oui; sans quoi trop souvent elle serait nuisible, au lieu d'être utile et profitable.

Donnez un exemple de liberté *réglée?*

La circulation, libre pour tous, est cependant *réglée*, afin que les cochers et les piétons se détournent des voitures et des personnes rencontrées ; autrement les rues et les chemins se joncheraient de voitures brisées, d'animaux estropiés, d'hommes, de femmes et d'enfants tués ou mutilés.

Qui doit *régler* la liberté ?

La loi seule et non l'arbitraire.

Pourquoi la loi seule ?

Parce qu'elle est l'expression de la volonté nationale, et que nul ne saurait s'opposer à la raison, aux droits, aux intérêts de tout un peuple.

L'oppresseur de la liberté se rend donc coupable ?

Il est le plus grand des criminels, vu qu'il pose en fait le principe de toutes les immoralités.

Comment désigne-t-on l'oppresseur de la liberté ?

Sous les noms justement exécrés de *tyran*, de *despote.*

A qui ressemble l'homme privé de liberté ?

A l'esclave, s'il agit sous l'empire de la coaction ; à l'enfant. s'il agit sous une influence étrangère ; à l'ivrogne, à l'insensé, s'il agit sans connaissance de cause ; à l'animal, s'il agit machinalement à la voix du maître.

Le républicain est donc supérieur au monarchiste?

Le républicain est un citoyen ; le monarchiste est, au contraire, ou le *suppôt* méprisable, ou le *sujet* humilié d'un tyran.

CHAPITRE TROISIÈME

—

De l'Egalité.

Qu'entend-on par égalité?

Ce qui rend une chose pareille à une autre.

En quoi consiste l'égalité républicaine?

En ce que les citoyens sont pareils devant la loi, qui les protège ou les punit également pour les mêmes actes.

Implique-t-elle aussi l'égalité des fortunes?

Non; celle-ci serait injuste et l'autre est équitable.

Pourquoi l'égalité des fortunes serait-elle injuste?

Le citoyen laborieux, sobre, économe, aurait le sort du paresseux, du gourmand, du dissipateur.

Du moins serait-elle sociale et moralisatrice?

Elle enfanterait la ruine et la démoralisation.

Comment cela donc?

En détruisant l'émulation du travail; en rendant le commerce impossible ; en tarissant les secours dans les calamités publiques ; en donnant lieu chaque jour au remaniement de la fortune; en excitant à la paresse, à la débauche, à tous les vices qu'elles entraînent à leur suite.

Pourquoi l'égalité républicaine est-elle juste?

Parce qu'elle est une conséquence inéluctable de notre nature, ou de notre condition d'être intelligent et libre, condition la même chez tous, nous donnant les mêmes droits essentiels.

Favorise-t-elle aussi le bien public?

Oui, comme étant la sauvegarde de la liberté.

De quelle manière?

En empêchant l'orgueil des grands et des riches de dégénérer en despotisme, et la timidité des petits et des pauvres de descendre au servilisme.

Qu'exige l'égalité républicaine?

Qu'il ne soit fait nulle acception de naissance, ou de fortune, ou de recommandation dans la répartition de la justice, ou dans le choix des magistrats, des administrateurs, des chefs militaires, des avocats, avoués, notaires, professeurs, etc., etc., mais que seul le mérite ait la préférence.

Comment établir l'égalité dans la répartition de la justice?

En donnant à tout citoyen, notoirement en butte à la méchanceté d'un magistrat, le droit de le poursuivre à la barre d'un jury spécial qui serait chargé de sévir contre un juge infidèle.

Mais ne serait-ce pas déconsidérer la justice?

Ce serait bien plutôt l'ennoblir, en la préservant de la partialité qui la compromet et la déshonore.

Comment établir l'égalité dans la répartition des emplois?

En soumettant tous les candidats à la nécessité d'obtenir l'emploi convoité par un brillant succès devant un jury spécial d'examen, dont les membres ne connaîtraient les noms de ces candidats qu'après avoir décidé sans appel leur capacité respective. Une fois la capacité de tel candidat reconnue, il incomberait au jury de s'enquérir de sa moralité, puis d'en tenir compte autant, et même incomparablement plus que de son aptitude.

Toutefois ne serait-il pas utile à l'ordre social que les principales fonctions civiles et militaires fussent l'apanage de certaines familles ayant pour elles le prestige du nom ou de la position ?

Cet apanage étant une injustice envers le mérite, on doit le sacrifier malgré ses avantages prétendus. Mais ces derniers n'existent pas, tout au contraire.

Et quelles sont vos raisons ?

D'abord le prestige est loin de remplacer le mérite et la vertu dans les circonstances ordinaires ; bien moins dans les positions extrêmes : témoin Napoléon III qui, malgré le prestige attaché fatalement à son nom, a fait la ruine et le déshonneur de la France. Il en faut dire autant de Mac-Mahon qui, malgré sa descendance des rois d'Irlande et sa haute position sociale, a failli livrer sa patrie à toutes les insanités du cléricalisme et du despotisme en fureur. De plus, l'apanage enlèverait toute émulation, et de la part des classes non privilégiées, qui ne pourraient arriver à rien d'important, et de la part des privilégiées, toujours sûres d'occuper les hautes fonctions sans les avoir méritées. Enfin, il engendrerait chez les petits une haine inextinguible à l'égard des grands, haine, hélas ! qui se traduirait un jour en rixes sanglantes.

L'égalité n'a-t-elle pas ces inconvénients ?

Non ; car elle est juste. Elle récompense le mérite, excite l'émulation de toutes les classes, les rapproche et les réunit même, ou tout au moins les dispose à l'estime réciproque, avant-coureur de la fraternité.

CHAPITRE QUATRIÈME

—

De la Fraternité.

En quoi consiste la fraternité républicaine ?

En ce que les républicains, se tenant pour frères, s'aiment et s'entr'aident de tout leur pouvoir.

La fraternité serait-elle le socialisme égalitaire ?

Assurément non. Ce dernier, contraire à la justice ainsi qu'à la liberté, produirait la misère et la ruine, au lieu que la fraternité soutient la liberté, l'égalité vraie, et produit le dévouement, par conséquent le bien-être général.

Mais si riches et pauvres mettaient en commun, les uns leurs capitaux, conseils, expériences, etc., les autres leur travail manuel, pour se partager les bénéfices de manière à ne donner qu'une part mince au capital, et tout le reste au travail du pauvre et à celui du riche, est-ce que vous y verriez un état de chose nuisible au bien social ?

Ce serait la fraternité mise en pratique. Ainsi le bonheur serait réalisé sur la terre, et pour le riche et pour le pauvre.

Or, n'est-ce point là le but des partageurs ?

Non, puisqu'ils veulent imposer leur système, au lieu que, dans notre supposition, tout est libre.

Y voyez-vous une différence assez notable ?

Oui, j'y vois opposition de moyens et de résultats. Faites-nous la comprendre.

Les socialistes et les partageurs oppriment la liberté : c'est immoral. Ils violent les droits d'autrui, les biens du riche étant à lui comme ayant été le fruit de son travail persévérant ou de celui des siens : c'est inique. Ils suscitent la haine implacable de ceux qu'ils veulent spolier : c'est anti-social. Mais dans l'association dont nous parlons, la justice et la liberté sont intactes, et la fraternité s'y voit élevée au degré le plus haut du dévouement humanitaire.

L'intérêt individuel est-il conciliable avec la fraternité républicaine ?

Assurément. Il y trouve pleine satisfaction.

De quelle manière ?

En traitant le pauvre ou le petit comme son frère, en le mettant, par un travail rénumérateur et producteur, en état de gagner honorablement sa vie, outre l'avantage avant tout personnel que le riche ou le grand en retire, il contribue à consolider l'ordre social, qui fait sa sécurité propre, en enlevant ainsi tout prétexte et tout motif de troubler l'Etat ; puis il s'attire à bon droit la reconnaissance de son protégé, l'amour reproduisant l'amour.

La justice ne peut-elle remplacer la fraternité ?

D'abord la justice nous impose impérieusement la fraternité ; les hommes étant frères en réalité par leur commune origine ou filiation, ce n'est pas une faveur, c'est un devoir strict de les traiter en frères. Mais, en s'en tenant au sens étroit de la question, l'on doit affirmer que cette fausse justice, exclusive de la fraternité, ne peut qu'engendrer des calamités.

Comment cela ?

Si, d'une part, le riche est indifférent vis-à-vis du pauvre, ou le paie assez maigrement quand il l'emploie, et sans plus se soucier de la façon dont il pourra continuer à gagner sa vie, alors le pauvre en est réduit, par le ressentiment et la misère, à se coaliser avec ceux de sa condition pour refuser tout travail au riche, à moins d'un salaire impossible. Or, cela produit des grèves menaçant la prospérité publique, la sécurité des riches. Puis, si les riches ne veulent céder aux pauvres affamés, il se produit une insurrection ayant pour but, et souvent pour résultat final, la spoliation du riche et l'effusion du sang, avec l'entretien à grands frais d'une nombreuse armée de sbires, l'anxiété générale et la haine inextinguible entre des êtres que la nature a créés libres, égaux et frères.

Sous le règne de la fraternité, quel serait le système des impôts ?

Ce serait le système progressif.

N'est-il pas injuste et contraire à l'égalité ?

C'est le seul conforme à la justice, à la liberté, comme à l'égalité, à la fraternité, à l'intérêt social.

Comment le seul conforme à la justice ?

Il est inique, assurément, de prélever l'impôt sur le pain noir, les haillons, le grabat et la hutte ou chaumière du pauvre.

Comment le seul conforme à la liberté ?

Des fortunes colossales sont un péril sérieux pour la liberté, par leur influence auprès des magistrats, des administrateurs, et, surtout, du corps électoral.

Comment le seul conforme à l'égalité ?

Plus il y a de biens dans une famille, ou chez un

particulier, moins forte est sa privation de la part destinée aux charges de l'Etat.

Comment le seul conforme à la fraternité?

Par une contribution plus large aux charges de la nation, le riche y prend la place d'un frère aîné travaillant avec amour à l'entretien de ses jeunes frères.

Comment le seul conforme à l'intérêt social?

En dégrevant les petits propriétaires, il les encourage à la production; ce qui favorise et produit le bien public en enlevant au peuple heureux tout motif fondé de révolte.

Il faudrait donc n'imposer que le superflu?

Certainement. Imposer le nécessaire est une injustice. On peut dire aussi que c'est une cruauté réelle.

Ainsi donc l'égalité des impôts est injuste?

Oui; car elle écrase le pauvre et soulage le riche.

Que pensez-vous du service militaire?

Il est dû, par tout citoyen valide, à titre égal, le riche et le pauvre étant égaux quant au prix de leur vie. Ainsi donc ils doivent l'exposer également et la sacrifier, au besoin, pour la défense et l'honneur de la mère commune, la patrie.

Que doit la patrie aux parents des braves morts pour elle?

Aux héritiers pauvres, ayant droit au travail du mort, elle doit des pensions proportionnées à la valeur du travail dont ils sont privés; aux héritiers riches de ces braves elle ne doit que des récompenses honorifiques, par exemple : une statue, une inscription rappelant les hauts faits du glorieux défenseur du pays. Même distinction à faire entre les blessés, pauvres ou riches.

Fait-on bien d'exempter les soutiens de famille?

2

Ils devraient servir comme les autres; mais l'État mettrait, à ses frais, un bon domestique à la disposition de ladite famille.

CHAPITRE CINQUIÈME

—

Des bases de la République.

Quelles sont les bases de la République ?

Celles de l'ordre social lui-même.

Or, quelles sont les bases de l'ordre social ?

Les principes éternels du vrai, du juste, du bien, sans lesquels la société ne saurait subsister.

Qui nous enseigne ces principes ?

La conscience.

Qu'est-ce que la conscience ?

C'est le sentiment intérieur par lequel on se rend témoignage à soi-même, avec sincérité, de ce qu'on tient pour conforme à la justice, au bien, au vrai.

La conscience est-elle infaillible en tout ?

Non; autrement les hommes seraient d'accord sur tous les points de l'ordre moral, ce qui n'est pas.

Comment donc peut-elle nous guider?

En s'éclairant aux sources de la vérité.

Quelles sont les principales sources du vrai?

Notre raison d'abord, qui, dans bien des cas, voit que tel principe de morale est absolu, par exemple : *Traiter autrui comme nous voudrions en être également traités;* puis la raison universelle du genre humain faisant justice à bon droit de théories sorties de cerveaux orgueilleux et malades, théories dont l'admission rendrait impossible toute société; enfin

les révélations de certains esprits supérieurs, les-
quelles, adoptées par les peuples, font faire à l'humanité quelques pas de plus vers le progrès.

Sur quoi basez-vous la conscience?

Uniquement sur le Dieu philosophique, auteur
de tous les êtres contingents, archétype à lui seul
du bien, du vrai, du juste, étant lui-même essentiellement le Bien suprême, ainsi que la Vérité pure et
la Justice absolue.

Et que pensez-vous du Dieu des prêtres?

Qu'il est leur création la plus immorale et la plus
monstrueuse. Au lieu d'inspirer la conscience humaine et de la porter au bien, le Dieu du prêtre est
un croquemitaine épouvantant pour un moment les
esprits faibles et leur enlevant le mobile le plus noble
qui puisse agir sur les cœurs droits : celui d'aimer
le bien, de pratiquer le vrai pour eux-mêmes, et non
par espoir d'une récompense, ou par crainte d'un
châtiment.

Vous ne croyez donc pas au purgatoire, à l'enfer,
au paradis éternel, à l'immortalité de l'âme?

Le purgatoire est une invention du clergé pour
battre monnaie au détriment des gens crédules. Il
est d'ailleurs d'une absurdité révoltante. Il fait de
Dieu, Créateur de l'homme et son Père, un monstre
de cruauté qui n'a pas son pareil dans les monstres
humains, ni parmi les bêtes fauves. Quel homme,
en effet, serait assez cruel pour torturer à plaisir,
dans le feu, ses propres amis durant des années?

L'enfer éternel serait de la méchanceté sans but.

Le paradis éternel échappe à la discussion de
l'homme; on peut, sans offenser la raison, soutenir
là-dessus le pour et le contre.

L'immortalité de l'âme est à mes yeux hors de contestation raisonnable. On ne saurait même, avec la chimie, arriver à détruire un corps; l'on ne peut que le transformer. Comment donc détruire un esprit? D'ailleurs il répugne à la raison de supposer que Dieu m'ait donné l'existence avec le sentiment de ma personnalité, de mon individualité propre, et qu'il s'amuse ensuite à m'en priver continuellement. Je crois donc à la perpétuité de mon être intellectuel, moral et progressif. Je tiens la mort pour un changement d'habit usé contre un habit neuf.

Cependant, si l'on brise un violon, cet instrument ne peut plus rendre aucun son. Donc si le corps de l'homme est brisé, tout l'homme est anéanti.

Votre comparaison et votre conclusion ne sont pas justes. De ce qu'un violon est mis en morceaux il s'en suit qu'on ne peut plus s'en servir. Mais le violoniste est resté lui-même intact, en possession de son art musical, et il continue à l'exercer en prenant un autre violon.

S'il n'y a pas d'enfer, le vice n'a donc nulle punition à craindre au delà de la tombe, et les grands criminels sont à couvert?

Je ne dis pas cela ; mais le feu matériel ne saurait les atteindre, attendu que le corps pourrit dans la terre. Ils peuvent être punis par le remords, qui continuerait même après le décès.

Que pensez-vous de l'athéisme pur?

Je pense qu'il est propre à saper, dans le peuple au moins, les bases de l'ordre social, et à raffermir, au lieu de l'ébranler, le despotisme, ou monarchique, ou clérical, dont il favorise en tout les desseins.

Mais je croyais les athées ennemis du fanatisme?

Ils le sont en effet ; mais ils se trompent dans leurs moyens d'action. Ils prennent ceux qui sont de nature à susciter la réaction du fanatisme et de la monarchie au sein de la multitude, effrayée avec raison de voir que le principe de fraternité n'a plus, avec un tel système, aucune raison d'être.

Sans Dieu donc il n'est pas de conscience?

Je ne puis le croire. Hors de Dieu *Vérité, Justice* et *Bien suprême*, je ne vois plus, ni bien ni mal, ni droit ni devoir, ni prohibition ni sanction, ni discernement entre ces choses, ni par là même une ombre de conscience ayant un fondement réel.

Sans Dieu, qu'est-ce aussi que la fraternité?

La plus belle utopie, une illusion. En effet, sans Père commun, les hommes ne sauraient être frères.

Ces principes sont-ils admis universellement?

Ils ont été partout et toujours reconnus.

Ils sont donc acceptés par la raison générale ou le sens commun des peuples?

Oui; c'est un point d'histoire incontestable.

Les intelligences supérieures les admettent-ils?

Toutes sans exception.

Qui les a donc inspirées dans leur accord?

Dieu lui-même, évidemment, lequel ne peut se contredire, étant la Vérité souveraine et la Raison absolue.

CHAPITRE SIXIÈME

De la religion républicaine.

La République peut donc vivre avec la religion?

Elle doit, sous peine d'être illogique et sans fondement, tenir Dieu pour sa base infaillible, avec la religion qui proclame avant tout les hommes *libres*, *égaux* et *frères*, religion la seule vraie en tant qu'elle est la seule, en réalité, qui soit conforme à la nature de l'homme, à ses droits, à ses devoirs.

Laquelle alors remplit ces conditions?

La seule que le Christ a lui-même enseignée à ses apôtres par ses discours et par ses exemples.

A-t-il donc enseigné la liberté?

Nul ne l'a proclamée autant que lui.

Quel est là-dessus son langage?

« *Et vous connaîtrez la vérité,* » dit-il (Saint-Jean VIII, 32), « *et la vérité vous rendra* LIBRES. »

« *Si donc le Fils vous met en* LIBERTÉ (Saint-Jean, VIII, 36), « *vous serez véritablement* LIBRES.

« *Vous savez que les princes des nations les* DO-MINENT *et que les grands les* TRAITENT AVEC « EMPIRE (Saint-Matthieu, XX, 25-28) ; « *il n'en doit* « *pas être* AINSI *parmi vous ; mais que celui qui* « *voudra devenir le plus grand parmi vous soit* « *votre serviteur.* » Puisqu'il proscrit la domination, il veut la LIBERTÉ de tous.

Ses apôtres ont-ils aussi proclamé la liberté?

Leurs épîtres sont pleines de cet esprit :

Saint Paul (I Corinth., V, 29) dit : « *Pourquoi* « *faire condamner par la conscience d'un autre la* « LIBERTÉ *que j'ai?* »

Il dit aussi (II Cor., III, 17) : « *Là où se trouve* « *l'esprit du Seigneur,* là règne la LIBERTÉ. »

Il dit encore (Galates, V, 13) : « *Vous êtes appelés,* *mes frères,* à la LIBERTÉ. »

« Saint Pierre (1re épître, II, 16) dit : « *Étant* LI-« BRES, *non pour vous servir de votre* LIBERTÉ

« *comme d'un voile qui couvre vos mauvaises ac-*
« *tions, mais en serviteurs de Dieu.* »

Le Christ a-t-il enseigné l'égalité ?

De la façon la plus expresse.

En quelles circonstances ?

Quand il réprima Jacques et Jean demandant à
s'asseoir dans sa gloire, un à sa droite et l'autre à sa
gauche, et qu'il leur dit (Saint-Marc, x, 42 et 43) :
« *Les maîtres des peuples les DOMINENT et leurs*
« *princes les TRAITENT AVEC EMPIRE. Il n'en*
« *doit pas être ainsi parmi vous.* »Ne pas DOMINER
ses semblables, c'est les tenir pour ses ÉGAUX.

Les apôtres ont-ils aussi proclamé l'égalité ?

Saint Pierre (1er épître, v, 2 et 3) dit : « *Paissez le*
« *troupeau de Dieu dont vous êtes chargés, non en*
« *DOMINANT sur l'héritage, mais en vous rendant*
« *les modèles du troupeau.* »

Le Christ a-t-il prêché la fraternité ?

C'est bien ce qu'il a le plus recommandé. Dans
Saint-Matthieu (xxii, 19) il dit : « *Vous êtes tous*
« *FRÈRES. N'appelez personne sur la terre votre*
« *père, parce que vous n'avez qu'un Père qui est*
« *dans les cieux.* » En donnant Dieu pour SEUL
PÈRE aux hommes, il les rend évidemment FRÈ-
RES. Il dit (Matthieu, xxii, 39) : « *Vous aimerez*
« *votre prochain comme vous-même.* » Il fait de cet
amour réciproque un signe caractéristique du chrétien, en disant (Jean, xiii, 35) : « *C'est en cela que*
« *tous vous reconnaîtront pour mes disciples, SI*
« *VOUS VOUS AIMEZ LES UNS LES AUTRES.* »

Les apôtres ont-ils prêché la fraternité ?

Leurs écrits en sont pénétrés ; on a l'embarras du
choix des textes.

Citez-en du moins quelques-uns ?

Saint Jean, dans ses Epîtres, ne fait que parler du devoir d'aimer nos FRÈRES. Dans sa Ire (III, 16-18), il dit : « *Nous avons reconnu l'amour de Dieu* « *envers nous, en ce qu'il a donné sa vie pour NOS* « *FRÈRES. Si quelqu'un a des biens de ce monde et* « *que, voyant SON FRÈRE en nécessité, il lui ferme* « *ses entrailles, comment l'amour de Dieu demeure-* « *rait-il en lui ? Mes petits enfants, n'aimons point* « *de parole, ni de langue, mais par œuvre et en* « *vérité.* »

Saint Paul aux Romains (XII, 10) dit : « *Que cha-* « *cun ait pour son prochain une affection et une* « *tendresse FRATERNELLE.* » Et, dans sa Ire aux Thessaloniciens (IV, 9) il dit : « *Quant à la charité* « *FRATERNELLE, vous n'avez pas besoin que je* « *vous en écrive, puisque Dieu vous a lui-même ap-* « *pris A VOUS AIMER LES UNS LES AUTRES.* » Dans celle aux Hébreux (XIII, 1) il dit : *...Conser-* « *vez toujours la charité envers VOS FRÈRES.* » Saint Pierre, dans sa Ire (I, 22) dit aussi : « *Que* « *l'affection sincère pour VOS FRÈRES vous donne* « *une attention continuelle à vous témoigner les* « *uns aux autres une tendresse cordiale.* » Puis (III, 8), il ajoute : « *Qu'il y ait entre vous tous une* « *parfaite union de sentiments, une bonté compa-* « *tissante, une AMITIÉ DE FRÈRES, une charité* « *indulgente, douce et humble.* »

Saint Jacques prône avant tout, et par-dessus tout, la FRATERNITÉ, comme aussi l'ÉGALITÉ dans maints versets de son admirable Epître catholique.

Alors l'esprit républicain n'est pas hostile à celui du christianisme, ainsi que plusieurs l'affirment ?

C'est en réalité le même esprit.

Mais la République, admettant la liberté de conscience, est *indifférente,* et non *chrétienne?*

Une conclusion pareille est illogique et contraire à la réalité. La République est loin d'être chrétienne à la façon des despotes, et surtout des inquisiteurs exterminant ceux qui n'acceptent pas leur domination ou ne partagent point leur fanatisme. Elle est chrétienne à l'instar de Jésus qui, loin de faire descendre le feu du ciel sur les habitants d'un bourg de Samarie à la prière de ses disciples, indignés qu'on les ait mal reçus, leur dit : « *Vous ne savez à quel esprit vous êtes appelés.* » Les vrais républicains ont cet esprit tolérant de Jésus, qui ne veut pas même imposer la vérité, bien loin de la persécuter, ou d'imposer le mensonge et l'erreur par la prison, l'exil, la confiscation, le fer, le feu, l'infamie.

Que penser donc de ceux qui représentent les républicains comme hostiles au christianisme?

Que ce sont, ou des calomniateurs éhontés, ou des ignorants trompés par ces derniers, les ennemis de Jésus, contempteurs de sa doctrine et de son esprit.

Certains républicains, cependant, ne bafouent-ils pas le christianisme?

Oui ; mais, ou ces républicains, d'une prévention mal fondée en raison, confondent le christianisme avec le cléricalisme, ou bien ils ne sont pas vraiment républicains. Dans le premier cas, il est, j'en ai fait souvent l'expérience, aisé de leur montrer que ce sont là deux antipodes ; que les principes républicains ne sont, en réalité, que les principes chrétiens ; tandis que le cléricalisme est l'ennemi mortel du christianisme. Or, dans le dernier cas, puisqu'il s'agit de faux républicains, il est superflu d'en parler.

Comment donc discerner le vrai républicain ?

A ses principes chrétiens, lesquels se réduisent, suivant le Christ lui-même, à l'amour de Dieu et du prochain ; car il dit (Matth. XXII, 37-40) : « *Vous ai-* « *merez le Seigneur votre Dieu de tout votre cœur,* « *de toute votre âme et de tout votre esprit. C'est* « *là le plus grand et le premier commandement. Et* « *voici le second, semblable à celui-là : Vous aime-* « *rez votre prochain comme vous-même. Toute la* « *loi et les prophètes sont renfermés dans ces deux* « *commandements.* »

Que pensez-vous de la solidarité des hommes ?

Je l'honore et la désire ardemment. Je veux la perfectionner même en effaçant, d'une part, son ca-caractère égoïste, en lui substituant, d'autre part, l'amour réciproque et le dévouement mutuel, en un mot la FRATERNITÉ commune.

Or, ne pouvons-nous l'établir sans une religion ?

Je n'admets pas cette parole : *une* religion ; cela sent la *secte*, et je ne suis point *sectaire*. Il s'agit pour moi de la religion, essentiellement unique, et non d'*une secte religieuse*.

Faites-moi comprendre un peu cette distinction ?

La religion, du mot latin *religare*, *relier*, est ce lien invisible, intérieur et purement moral, qui rat-tache au Créateur une créature humaine, ou raison-nable, en possession de ses facultés intellectuelles et sentimentales, formant les éléments de son être individuel et de sa conscience.

La secte religieuse, au contraire, est un système ayant pour but de grouper le plus grand nombre d'adhérents, afin de constituer une force au profit de la secte, et, la plupart du temps, au profit surtout de ses exploiteurs.

La religion serait donc *individuelle* et non *collective ?*

Oui, comme la conscience et la raison.

Vous proscrivez donc le culte public à la divinité ?

Non ; je ne proscris que l'esprit étroit et dominateur de la secte. Il en est autrement si des personnes, vivant du même esprit religieux, sentent le besoin de s'unir pour se fortifier les unes et les autres, s'encourager à la vertu par la glorification de Dieu, principe du bien, du juste et du vrai. Loin de blâmer cette association, je la trouve utile au public, nécessaire à la plupart des individus, mais à la condition d'être absolument libre et dégagée avec soin de tout esprit de parti, de tout esprit d'intolérance à l'égard de ceux qui, n'éprouvant pas le besoin de s'unir à d'autres, se contentent du culte intérieur qui leur est dicté par leurs sentiments.

Ne préférez-vous pas, cependant, l'absence de religion à toute religion fausse ?

Non, mille fois non ; pas plus que je ne préférerais, dans une faim cruelle, un manque complet d'aliment à la possession d'un pain de troisième qualité, d'une viande inférieure aux morceaux de choix. Une religion fausse est, certes, un vrai malheur pour l'humanité, qu'elle entrave assurément dans sa marche au progrès ; mais l'absence entière de la religion serait pire un million de fois. Ce serait la mort de l'humanité qui ne saurait vivre si, par impossible, elle se trouvait totalement en dehors du vrai.

CHAPITRE SEPTIÈME

—

Du clergé séculier.

Qu'appelez-vous *clergé*, puis *clergé séculier ?*

Sous le nom de *clergé*, l'on entend les ministres d'une secte religieuse organisée, et, sous celui de *clergé séculier*, l'on comprend ceux de ses ministres qui vivent au milieu du monde, ayant des rapports fréquents, journaliers même, avec les membres de la secte à laquelle ils président.

Le clergé séculier est-il favorable à la République?

Pour répondre à cette question, nous devons discerner les divers clergés séculiers les uns d'avec les autres. Le clergé des Israélites, composé de ministres de la secte religieuse hébraïque, est généralement favorable à la République. Le clergé protestant l'est également, et même il se rend, d'ordinaire, estimable à raison de son dévouement sincère à la devise, ainsi qu'à la forme républicaine.

Il est, nous le savons, quelques-uns de ses membres qui, subissant l'influence anti-républicaine de certains orléanistes de leur communauté se mettent en contradiction flagrante avec le principe fondamental protestant, le libre examen, et veulent imposer à leurs adhérents un ensemble de dogmes déterminés par la secte. Or, de tels pasteurs sont généralement hostiles au gouvernement républicain ; mais leur nombre est si petit qu'ils forment une exception avec laquelle il est superflu de compter.

Quant au *clergé séculier* romain, il faut établir de même une distinction entre le haut et le bas clergé.

Le haut clergé, formé du pape et de l'épiscopat, se montre en général *très-hostile* à la République. Il a fait et fait encore ostensiblement, sans compter ce qu'il a fait et fera toujours dans le secret, tous ses efforts pour l'empêcher de s'établir et de se consolider, pour la faire au plus tôt succomber sous les coups multipliés dont il cherche à l'accabler.

Le bas clergé, composé des simples prêtres, possède un certain nombre de membres intelligents et consciencieux qui, dans le fond de leur cœur, sont très *favorables* au gouvernement républicain, mais se trouvent réduits, par le besoin de vivre et leur indépendance absolue à l'égard de leur évêque, à lutter en sous-ordre avec le haut clergé contre la République.

Ainsi, le pape et l'épiscopat sont ennemis de la République? Et d'où peut donc leur venir cette aversion?

De ce qu'ils sont les ennemis du christianisme.

Est-ce que vous pourriez établir votre affirmation?

Très-facilement sur tous les points.

Sont-ils ennemis de la liberté?

Certes, ils en sont les plus irréconciliables de tous. Ils ne veulent, ni de la liberté de conscience, ni de la liberté d'enseignement, ni de la liberté des cultes, ni de la liberté de la presse, ni de la liberté d'examen, comme le prouvent les encycliques des papes, les décisions des conciles, les mandements épiscopaux, les prédications retentissantes des cathédrales et grandes églises, la mise à l'index de tous les ouvrages vraiment chrétiens, les persécutions atroces de la sainte Hermandad contre ceux qui n'acceptaient pas le joug odieux du pape et des évêques.

Sont-ils aussi les ennemis de l'égalité?

Cela ne peut faire un doute. En effet, de par leur doctrine et leur conduite, ils divisent la société spirituelle en deux classes opposées : d'abord, les dominateurs absolus et infaillibles, ce sont eux ; puis, la troupe aveugle des prêtres et des fidèles, c'est le reste des hommes leurs esclaves.

Quant à la société temporelle, également divisée en dominateurs et en sujets, ils appuient de tout leur pouvoir les premiers au détriment des seconds, de façon qu'ils font UN avec les despotes et traitent le peuple de *multitude* faite exprès pour obéir en aveugle aux évêques et aux rois.

Sont-ils les ennemis de la fraternité ?

Opprimer la liberté, l'égalité, comme ils le font, n'est-ce pas se montrer les plus grands adversaires de la fraternité ? D'ailleurs, celle-ci nous imposant le devoir de soulager nos frères, au lieu de leur être à charge, ils violent ce devoir en se faisant accorder par les gouvernements, aux frais des contribuables, de gros traitements qui sont un outrage au titre qu'ils prennent de *ministres d'un Dieu pauvre*. Ils la violent aussi par l'organisation de la rapine et du vol sur la plus vaste échelle. Ainsi, par exemple, ils font des lois comprimant injustement la liberté de conscience, ou sur le mariage, ou sur l'abstinence de la viande, etc., afin d'extorquer de l'argent par de prétendues dispenses. Ils trafiquent des indulgences, des reliques, des bénédictions, des sacrements, etc., tous actes contraires à la fraternité.

Le pape et les évêques ne sont donc pas, comme

je le croyais, les vrais représentants du Christ?

Bien au contraire, ils en sont les plus réels contempteurs, leur esprit étant l'antipode absolu du sien.

Donnez-nous des exemples de cette contradiction?

Le Christ s'est sauvé quand on a voulu le faire roi ; Pie IX anathématisait ceux qui voulaient le ramener à l'esprit de Jésus, en le faisant renoncer à sa royauté.

Le Christ a proscrit l'amour des richesses ; or, un volume aurait peine à donner la nomenclature des moyens inventés par le pape et son clergé pour s'enrichir. Ruses, mensonges, indulgences, confiscations, violences, diffamations, emprisonnements, bûchers, etc., ils ont tout mis en usage afin d'arriver à ce but.

Le Christ a *prêché*, mais surtout *pratiqué* l'humilité, la douceur, la mansuétude et le pardon des injures ; or, le haut clergé recherche avec soin les premières places et les hommages publics ; à tout ce qui s'oppose à son arbitraire, il fait éprouver sa rancune et son ressentiment, au point que sa haine inextinguible est devenue proverbiale.

Le Christ fut le *prince de la paix ;* les évêques sont des semeurs de discordes. Leur histoire est, avec celle des papes, une histoire de querelles et de sang.

Vous reconnaissez qu'il se trouve un certain nombre de prêtres favorables à la République?

Oui ; parce qu'ils sont des prêtres au cœur droit, imbus des principes du Christ, c'est-à-dire des principes de liberté, d'égalité, de fraternité. Ces prêtres, gémissant sous le poids de leurs fers, attendent le moment où, pouvant les briser, il leur sera donné de recouvrer leur liberté perdue.

CHAPITRE HUITIÈME

—

Du clergé régulier.

Qu'appelez-vous clergé *régulier ?*

C'est le clergé vivant sous une *règle* spéciale, et séparé du siècle, en demeurant dans un cloître. En un mot, c'est le clergé des Ordres monastiques.

Ces Ordres sont-ils amis de la République ?

Ils en sont les ennemis le plus à craindre, attendu qu'ils sont très-disciplinés, très-aguerris et savent user de moyens occultes presque insaisissables.

Sont-ils plus dangereux que le clergé séculier ?

Oui, certes ; ils le sont davantage encore, en tant qu'ils obéissent comme un seul homme au mot d'ordre envoyé par le général à tous les supérieurs de monastères, lesquels le transmettent aux membres de leur maison respective usant dans le monde, autour d'eux, d'une influence occulte et désastreuse.

Et d'où peut leur venir cette influence ?

Elle leur vient, hélas ! de bien des sources. Je n'en veux, faute de place, énumérer ici que les principales. Ainsi : 1° les éloges pompeux que presque tous les papes ont fait des Ordres religieux. Pie IX, en particulier, dans sa célèbre encyclique du 7 juin 1847, reconnaît en eux « *ces phalanges d'élite de* « *l'armée du Christ, qui ont toujours été le boule-* « *vard et l'ornement de la république chrétienne* « *comme de la société civile.* »

2° Les ouvrages écrits avec passion sur les moines,

dans le but de les exalter et pour mettre à profit
leurdite influence. Ainsi l'ouvrage intitulé : les
Moines d'Occident, de M. le comte de Montalembert;
l'Histoire des Jésuites, par Crétineau Joly, puis une
foule d'autres livres pareils.

3° Le prestige attaché, surtout de la part de la
femme dévote, à la robe, ainsi qu'à la vie excentrique
et contre nature du moine. En effet, elle tient ce
dernier, à raison de ses vœux de pauvreté, d'obéissance et surtout de chasteté, pour un être angélique
et tout à fait surhumain. Son bonheur suprême est
de l'avoir pour confident de ses pensées les plus in-
times, de ses secrets les plus chers, pour le directeur
absolu de sa conscience. De l'admiration elle en
vient à l'estime, elle en passe assez vite à la sympa-
thie, à la tendresse, à l'amour d'abord platonique et
bientôt sexuel, et c'est alors que le moine est maître
absolu de sa riche pénitente, et, par là, du mari,
des enfants, des domestiques, de la maison tout entière. Or, tel est le secret des richesses colossales
qui s'accumulent chez les moines, bien qu'ils ne
soient pas payés par l'Etat comme l'est encore aujourd'hui le clergé séculier.

Je le comprends maintenant; si le cléricalisme est
l'ennemi, le monachisme en est le plus redoutable.
Alors pourquoi n'a-t-on fermé que peu de monastères?

Le gouvernement a procédé par gradation, avec
prudence. Il a su distinguer entre les Ordres religieux qui rendent hommage à l'Etat en reconnais-
sant sa suprématie, et les Ordres non encore approu-
vés. Il a donné même à ces derniers un délai moral pour se faire approuver si la chose était possible,
après avoir soumis leurs constitutions à l'Etat. Ceux

qui n'ont pas voulu se soumettre ont seuls été dissous ; les autres sont conservés jusqu'à ce que les Chambres souveraines en disposent autrement.

Mais tous les Ordres religieux ayant le même esprit d'hostilité contre la République, est-ce que nos députés et nos sénateurs ne devraient pas se hâter de les dissoudre à jamais? Ne sentiraient-ils point le danger que présentent cesdits ordres?

Ils le sentent; mais ils voient, dans l'exécution de cette mesure, un autre danger, peut-être encore autrement à redouter : celui de mécontenter les multitudes et surtout les populations simples de la campagne, ignorantes du péril social que font courir les moines. Chargés d'éviter ce qui pourrait compromettre un tant soit peu la sécurité publique, ils attendent le moment propice. Ils pratiquent ce conseil du Christ : de ne pas arracher, avant la moisson, l'ivraie ayant cru simultanément avec le blé dans le champ du père de famille, attendu qu'avec l'ivraie on arracherait le froment avant sa maturité.

Mais ne pourrait-on hâter le moment propice à l'expulsion de cette gangrène sociale?

Oui, certes, et, cela même, aisément et sans trouble.

Et comment s'y prendre?

Il faudrait que tous les républicains dignes de ce nom s'imposassent des sacrifices réels, pour faire ouvrir les yeux au plus vite aux populations urbaines et campagnardes sur les dangers du monachisme.

Or, par quels moyens?

Par la diffusion de brochures bien faites leur montrant, sans passion, sans emportement, mais avec calme et dignité, la vérité de la situation.

Outre les trois causes signalées plus haut de la funeste influence acquise aux Ordres religieux, avez-vous d'autres griefs sérieux à formuler contre les moines?

Un grand nombre en réalité; mais nous devons nous borner aux principaux. Pour les énumérer tous, il faudrait un volume.

Donnez-nous donc les principaux.

1° Quant à ce qui concerne les jésuites, ces griefs sont ainsi résumés dans une brochure de M. l'évêque de Rodez, imprimée en 1880, et dont le titre est : « *Des principales raisons d'être des Ordres religieux dans l'Eglise et la société.* »

Voici ce qu'il dit aux pages 42 et 43 :

« Mais, ajoute-t-on, en parlant des jésuites surtout,
« ce sont des hommes dangereux, leur morale est
« relâchée, on les trouve dans toutes les intrigues des
« cours et dans tous les secrets de familles, ils cap-
« tent les héritages, ourdissent des complots, pré-
« parent des conspirations dans l'ombre; l'histoire
« est pleine des défiances qu'ils ont inspirées aussi
« bien que des méfaits qu'on leur a reprochés. Vous-
« mêmes, prêtres et évêques qui les défendez, ils
« vous absorbent ; ils mènent tout dans l'Eglise,
« comme ils voudraient tout gouverner dans l'Etat.
« Ils sont les agents secrets du pouvoir pontifical,
« les instruments dociles de Rome, dont ils essaient
« en toute occasion de faire prévaloir les vues sur
« les libertés nationales et les coutumes tradition-
« nelles de notre propre clergé. C'est (*sic*) eux qui ont
« rédigé le *Syllabus*, cette charte de l'anti-révolu-
« tion, et personne n'ignore qu'ils ont inspiré tous les
« décrets du dernier concile. »

2° Quant à ce qui concerne les Ordres religieux

autres que les jésuites, on peut les charger avec justice à peu près tous des mêmes griefs, du plus au
moins. Il suffit d'ailleurs de puiser dans un travail
qui leur est cependant favorable à l'excès : « *Les
Moines d'Occident,* » de M. de Montalembert, pour y
recueillir des griefs accablants contre eux. Qu'on lise
également : « *Les Bénédictins de la Congrégation
de France,* » et l'on verra si l'abbaye de Solesmes,
déjà deux fois évacuée au moyen de la force publique, était l'asile de la vertu même, ou seulement un
repaire d'hypocrites et de gredins.

Que pensez-vous des Ordres religieux de femmes?

Qu'ils sont, au moins ceux donnant l'enseignement, bien plus dangereux que ceux des hommes.

Pourquoi cela donc?

Parce que les jeunes personnes éduquées par les
religieuses deviennent tellement opiniâtres dans le
cléricalisme étroit et dans toutes les superstitions,
que la presque totalité de ces têtes féminines, une
fois mariées, se rendent les vrais tyrans de leur mari
pour le réduire à confier leurs enfants aux congréga-
nistes des deux sexes. L'on voit plus des deux tiers
des jeunes gens élevés par le clergé séculier, ou le
clergé régulier, et jusque par les fils de Loyola, témoin
Voltaire, heureusement devenus, peu d'années après
le départ du collège, affranchis de leur fausse éducation; mais, des jeunes filles élevées au couvent, les
dix-neuf vingtièmes restent ce que les a faites leur
propre mère, aidée en cela par les jésuitesses de
toutes robes, de toutes dénominations. Devenues, à
leur tour, épouses et mères, elles veulent, en dépit
du père, élever leurs enfants à leur propre image et
ressemblance.

Il faudrait, ce me semble, un peu plus d'énergie et de fermeté chez un chef de famille, afin de ne pas se laisser mener ainsi, dans l'éducation des enfants, par une femme embéguinée?

Assurément. Mais l'Etat doit aussi lui venir en aide afin de prévenir de terribles querelles dans le ménage. Or, il le ferait victorieusement s'il coupait le mal dans sa racine, en fermant toutes les maisons religieuses de femmes.

CHAPITRE NEUVIÈME

La Monarchie et le suffrage universel.

La Monarchie (empire ou royauté) ne serait donc pas de droit divin?

Certainement non; car, par essence elle est dominatrice, ainsi que le dit Jésus (Matth. xx, 25 et 26) : « Les *MAITRES des nations* les *DOMINENT et les* « *GRANDS les traitent AVEC EMPIRE* », tandis que Dieu veut tous les hommes libres, égaux et frères : « *Mais il n'en sera pas ainsi parmi vous,* » ajoute le Christ. S'il ne veut pas de *DOMINATEURS* parmi ses disciples, les empereurs, rois, princes et monarques de toutes dénominations sont donc exclus du sein même du christianisme.

Quelle est l'origine de la royauté?

L'injustice et l'orgueil des plus forts, enchaînant à leur joug les plus faibles, par la ruse et la force.

Le clergé romain contredit-il votre opinion?

Il la confirme expressément.

Ce serait curieux d'en avoir la preuve.

Ecoutez-la ; vous la trouverez péremptoire. Un de ses infaillibles, le pape Innocent IV, dit : « Le pou- « voir temporel a l'origine la plus basse et la plus « impie. Quelques individus se sont élevés, par le « brigandage et le meurtre, au rang de maîtres et de « tyrans : voilà l'origine du pouvoir temporel. »

Mais la papauté s'est alliée aux rois?

Uniquement dans son intérêt propre et dans l'es- poir d'avoir tous les monarques pour vassaux.

Je vois dans votre réponse une hypothèse, une ac- cusation ; mais pourriez-vous l'établir solidement?

Oui, par le même pape. En effet, Innocent IV ajoute : « Les royaumes de la terre n'arrivent à une « forme de leur existence légale et conforme à l'ordre « divin, qui règne ici-bas, que lorsque leurs maîtres « se soumettent au pouvoir spirituel et reçoivent de « ses mains, comme un bien légal, ce qui, sans cette « soumission, ne serait qu'un bien illégitimement « acquis. » Cela, je l'espère est assez clair.

La papauté prétend donc légitimer le brigandage et le meurtre, à la condition d'occuper le rang de premier chef des brigands et meurtriers pour parta- ger avec eux le produit de leurs forfaits?

C'est de la dernière évidence. Elle poursuit un but qu'au Moyen-Age elle avait en grande partie atteint : celui d'arriver au pouvoir suprême universel, sur la conscience humaine en la dirigeant à son gré dans son seul intérêt, puis sur tous les biens temporels, qu'elle a d'ailleurs déclarés être *uniquement les siens*.

Voilà, par exemple, une prétention exorbitante, insensée au dernier point. Pourriez-vous la prouver ?

Tout aussi péremptoirement que la précédente. En

effet, dans sa bulle *Unam sanctam*, de 1302, contre Philippe-le-Bel, le pape Boniface VIII, après un galimatias de raisonnements qui ferait mettre aux petites maisons tout autre auteur qu'un infaillible, en vient à tirer cette conclusion : « C'est pourquoi nous « déclarons, disons, définissons et prononçons être « pleinement de nécessité de salut que toute créature « humaine est soumise au pontife romain. »

Dès que, d'après un infaillible, il est de nécessité de salut que tout homme est soumis au pape, à plus forte raison ses biens, comme les cheveux d'une tête appartiennent bien, certes, au possesseur de la tête. Et c'est d'ailleurs l'application que Rome a toujours faite et fait encore aujourd'hui de cette extravagante conclusion de la bulle *Unam sanctam*. C'est là-dessus que Pie IX s'appuyait, en 1857, pour adjuger à M. Mabile, évêque de Saint-Claude, une propriété qui n'appartenait pas au clergé, mais à des souscripteurs mettant obstacle à la spoliation abbatiale, épiscopale et papale. Et, de plus, le différend entre Philippe-le-Bel et Boniface VIII consistait précisément dans une question d'intérêt pécuniaire. Il s'agissait de la collation des Églises et des prébendes vacantes. Boniface VIII se les adjugeait. Philippe lui répondit :

« Philippe, par la grâce de Dieu, roi des Français, « à Boniface qui se donne pour Souverain Pontife, « peu ou point de salut.

« — Que ta très-grande fatuité sache que nous ne « sommes soumis à personne pour le temporel ; que « la collation des Églises et prébendes vacantes nous « appartient de droit royal. Que les fruits en sont à « nous, que les collations faites et à faire par nous « sont valides au passé et à l'avenir, et que nous

« protégerons virilement leurs possesseurs envers et
« contre tous. — Ceux qui pensent autrement, nous
« les tenons pour fous et insensés. »

Toute la France appuya son souverain.

Quel est le but des rois ?

De perpétuer le pouvoir dans leur famille, et, cela,
par tous moyens, « *per fas et nefas* » : D'abord, en
opprimant la liberté de leurs sujets, en les accablant
d'impôts, en empêchant la vérité de leur parvenir ;
puis, en querellant les peuples voisins pour rendre
impossible, au moins pratiquement, la fraternité générale, attendu que cela mettrait fin à la royauté.

Les rois sont donc les ennemis de l'humanité ?

Tous le sont par le seul fait de leur position. S'il
en est qui désirent faire en réalité le bien de leurs
sujets, sans motifs d'intérêt personnel, ces excep-
tions ont pour résultat de mieux duper les aveugles
partisans de leur principe anti-humanitaire.

Ainsi, je le vois, pas de royauté de droit divin?

Non ; Dieu seul peut régner sur nous, et quiconque
prend sa place est un sacrilège et monstrueux usur-
pateur des droits divins et humains.

Puisque vous appuyez plusieurs de vos assertions
sur Jésus, j'ose vous rappeler qu'il a dit (Marc XII, 17)
« *Rendez à César ce qui est à César.* »

Cela ne prouve absolument rien contre ma thèse.
Il s'agissait du tribut forcé que les Juifs devaient
payer au César romain, dominateur de la Judée, et
non d'une obéissance à lui vouer en qualité de roi.
Jésus donnait à ses tentateurs perfides, les pharisiens
et les hérodiens, la réponse que tout homme sage eût
donnée à la France au sujet des cinq milliards exigés

par la Prusse en 1871 : « Payez-les pour vous épar-
« gner de plus mauvais traitements de la part du
« César allemand qui se montre impitoyable. » En
effet, céder au plus fort est, de la part du faible, un
acte de prudence et même un devoir, quand les intérêts de la conscience et d'autrui ne sont pas en jeu du
côté du faible. Et, d'ailleurs, une pareille concession
ne constitue aucun droit réel pour celui qui l'ex-
torque, et bien moins la perte du sien pour l'extorqué.

Que dire de ceux qui veulent rétablir la royauté?

Que ce sont, ou des ambitieux cherchant, sous le
pouvoir royal, à dominer sur le peuple, à lui sucer le
produit de son travail, ou des innocents trompés par
ces « renards » qui leur font accroire, au nom de la
religion, que la monarchie est le pivot de l'ordre social et la République une cause permanente de dé-
sordre et de trouble.

Ces ambitieux ne pourraient-ils donc arriver aux
emplois sous la République?

Hélas! beaucoup trop d'entre eux y parviennent en
prenant un faux nez. Mais la plupart de ces ambitieux, sentant leur infériorité de mérite et la bassesse
de leur caractère, en même temps qu'ils voient s'éveil-
ler de plus en plus la juste attention des gouvernants
républicains, préfèrent un despote et de vils favo-
ris, dont il leur suffirait de flatter les passions pour
atteindre leur but, à un gouvernement honnête,
où rien ne dépend de la faveur, mais seulement de
l'aptitude, accompagnée avant tout de la vertu.

Jusqu'ici nous avons parlé de la monarchie absolue; or, que penser de la royauté constitutionnelle?

Qu'elle est en contradiction avec le suffrage.

Et comment cela?

Le suffrage implique un droit inaliénable, autrement les générations suivantes n'auraient plus les droits des précédentes ; or, la royauté constitutionnelle héréditaire enlève aux citoyens futurs le droit de ne pas la trouver légitime et de la renverser.

La royauté constitutionnelle n'est donc pas plus admissible, en réalité, que celle de droit divin ?

Elle l'est moins encore, en ce qu'elle est sans logique et contredit sa propre base, au lieu que l'autre est conséquente avec son fondement, qui seul est faux.

Le suffrage est-il toujours légitime ?

Oui, s'il est exprimé dans les conditions d'un acte libre. Non, si l'une de ces conditions manque.

Que penser des plébiscistes napoléoniens ?

Ils ont été généralement immoraux, en tant qu'extorqués par des moyens illégitimes. Plusieurs même, en particulier ceux qui nommaient le président à vie et l'empire héréditaire, étaient la négation du suffrage universel, l'hérédité ne pouvant venir que de Dieu s'il le voulait absolument (ce qui n'est et ne sera jamais tant que la nature humaine restera ce qu'elle est) et non d'une génération d'hommes qui, loin de pouvoir enchaîner des générations futures, ne saurait lier les présentes.

Comment affranchir le suffrage ?

En punissant sévèrement tout homme ayant semé des mensonges dans un but électoral, ou même ayant influencé ses subordonnés; puis en déclarant nul tout vote obtenu par un moyen illégitime.

L'escamoteur du suffrage est donc bien coupable ?

Il est plus criminel que le fabricant de fausse monnaie. On devrait le punir par le bannissement et la confiscation.

CHAPITRE DIXIÈME

Institution d'un clergé républicain.

La République ayant pour ennemis des classes si puissantes, comme le pape, les évêques, la plupart des prêtres séculiers, presque tous les moines et toutes les nonnes dont l'influence est si grande encore au sein des populations religieuses de la campagne, et, d'autre part, les rois de droit divin, les rois constitutionnels, les empereurs, les princes, la plupart des nobles, et les troupeaux si nombreux de courtisans avilis et de badauds trompés, n'est-il pas à redouter que sa cause, en tous points si sublime, ait grand'peine à triompher sans retour?

Sans doute elle court de sérieux dangers; mais il serait facile aux républicains de les éviter.

Comment les éviter ou les détruire?

En créant pour la diffusion de la vérité, d'abord, puis aussi pour la satisfaction des besoins religieux des masses, ce que l'Église romaine et la monarchie ont créé pour le mensonge et leur domination.

Qu'ont donc créé l'Église et les rois?

Un bas-clergé réactionnaire, esclave avili de l'obéissance aveugle, et recevant de l'épiscopat le mot d'ordre absolu qui lui sert de conscience.

Que devraient donc créer les républicains?

Un clergé digne d'eux, qui partageât leurs principes, qui fut indépendant de Rome et de ses évêques, qui ne s'inspirât que des enseignements, des exemples, de la morale et de l'esprit de Jésus, clergé qui, par la force éminemment persuasive de la vérité, comme aussi de la vertu, détacherait les populations de la fausse Eglise, leur marâtre, et les rendrait à leur mère véritable, l'Eglise du Christ.

Où trouver ces prêtres de la primitive Eglise?

Dans le clergé du second ordre. Oui, je le sais pertinemment, bon nombre de prêtres des plus éclairés, des plus vertueux, se dévoueraient à l'œuvre de régénération au fur et à mesure que des populations républicaines, possédant l'esprit religieux, demanderaient à constituer un culte à part, semblable au culte chrétien primitif. L'on formerait, de la sorte, une Eglise administrée avant tout par des prêtres intelligents et moraux, enseignant la doctrine de l'Evangile et sapant tous les dogmes fabriqués par Rome, ainsi que ses institutions immorales, entr'autres : le *Célibat* forcé du clergé remontant à l'an 1000, puis la *Confession auriculaire*, établie en 1215, au IVe concile de Latran, pour les fidèles des deux sexes.

Mais je croyais ce célibat établi par le Christ?

Vous étiez dans une grave erreur. Jésus n'a choisi ses apôtres que parmi des hommes mariés, Paul, qui ne le fut jamais, n'ayant été choisi qu'après la mort du Christ, qu'il n'a pas connu personnellement. Ainsi, Pierre, dont les papes se disent les successeurs, était marié ; la tradition nous a conservé le nom de sa fille, sainte Pétronille. Jésus honore le mariage en assistant aux noces de Cana, que la tradition nous dit avoir été les noces de l'apôtre Jean. Dans son *Discours sur la montagne*, il prescrit l'indissolubilité du mariage excepté le cas d'adultère, et nulle part il n'a recommandé le célibat. Tout au con-

traire, il compare avec plaisir le Royaume des cieux
à quelque roi faisant les noces de son fils. Dans sa
parabole des *Vierges sages* et des *Vierges folles*, la
récompense des *Sages* est d'être admises au festin de
l'époux ; la punition des *Folles* est d'en être exclues
avec la réponse : « *Je ne vous connais pas.* »

J'avais déjà lu cela, mais sans y réfléchir. Les
apôtres et disciples ont-ils gardé cet esprit du Maître?

Exactement. S. Paul (Ep. à Timothée, III, 3) dit :
« *Il faut qu'un évêque irréprochable SOIT LE MARI*
« *D'UNE SEULE femme.* » (Ep. à Tite, IV, 5 et 6)
il dit aussi : « *Je vous ai laissé en Crète, afin que*
« *vous régliez toute chose et que vous établissiez des*
« *prêtres en chaque ville selon l'ordre que je vous en*
« *ai donné, ne choisissant aucun homme qui ne soit*
« *irréprochable, MARI D'UNE SEULE femme, dont*
« *les enfants soient fidèles, et qui ne soient pas accu-*
« *sés de débauche, ni désobéissants.* » Vous voyez
que saint Paul condamne uniquement la polygamie,
et non le mariage et les enfants, tant s'en faut !

La primitive Eglise a-t-elle établi le célibat ?

Pas plus que le Christ et les apôtres. Les prêtres
et les évêques de cette époque, où le christianisme a
paru dans son éclat, étaient généralement mariés.

Même au IXe siècle, époque où les papes, orgueilleux et corrompus, se voyant de petits rois par suite
des donations immenses que leur firent Charles Martel,
Pépin-le-Bref et surtout Charlemagne, opérèrent
avec leurs quatre collègues, les patriarches de Con-
stantinople, Antioche, Alexandrie et Jérusalem, le
schisme indûment appelé *Schisme d'Orient*, puisqu'il
fut le fait de l'évêque de Rome, il était loisible aux
prêtres de se marier. Les prêtres d'Orient, du ressort

des quatre patriarches susdits, le sont tellement tous, encore aujourd'hui, qu'un aspirant au sacerdoce aurait beau promettre aux évêques et aux populations de se marier *le plus tôt possible après son ordination*, qu'on ne le recevrait pas à la prêtrise avant l'accomplissement du susdit mariage. Aussi bien ce ne fut qu'après le schisme opéré, que la papauté, sentant le besoin de s'inféoder à jamais le haut et le bas clergé d'Occident, le força, par ses décrets impérieux, à renoncer au mariage, à pratiquer un perpétuel célibat, qui se traduisit bientôt par la plus dégradante hypocrisie et la corruption la plus invétérée.

Vous avez dit aussi que la confession *auriculaire* a seulement été prescrite en 1215. On ne se confessait donc pas à l'époque du Christ et des apôtres ?

Certainement non. Il n'est trace, ou dans l'Evangile, ou dans la primitive Eglise, ou dans la tradition des douze premiers siècles, de confession *auriculaire* imposée à qui que ce soit. Par esprit de pénitence et d'humilité, les chrétiens se proclamaient *publiquement* faibles et pécheurs : ils se demandaient pardon réciproquement les uns aux autres ; mais ils ne confessaient pas le *détail de leurs fautes à l'oreille d'un prêtre*, impuissant d'ailleurs à les leur pardonner au nom de Dieu, si Dieu seul était l'offensé, comme au nom d'un tiers, si ce tiers avait été l'offensé de l'un de ses frères.

La confession *auriculaire* et le *célibat*, que je vois bien maintenant être uniquement d'origine occidentale ou papale, et non point d'origine apostolique et chrétienne, ont-elles eu, dans leur institution, des motifs nobles, élevés, légitimes enfin ?

Le motif fondamental de ces deux institutions fut,

pour le *célibat* d'abord, de former une armée internationale, admirablement disciplinée et partout répandue, ayant pour chef le pape, et Rome avant tout pour patrie, ayant l'Eglise pour seule affection. Quant à la confession *auriculaire*, il est certain que la papauté l'a fait instituer pour que son clergé célibataire exerçât sur les masses, sur les souverains eux-mêmes, principalement au moyen des caractères impressionnables, les femmes et les enfants, une influence à peu près toujours décisive en faveur de sa domination spirituelle et temporelle.

Au moins ces deux institutions eurent-elles des résultats moraux bien utiles à la société ?

Ce fut tout l'opposé ; mais le cadre étroit du présent *Manuel* ne me permet pas de les énumérer ici. Que l'on recoure à mes brochures : le *Célibat ecclésiastique*, et la *Confession auriculaire*.

CHAPITRE ONZIÈME

—

Séparation des Eglises et de l'Etat.

L'Etat devrait-il subventionner le nouveau culte ?

Non ; les adhérents de ce culte auraient à pourvoir aux besoins modestes de ses ministres, selon ces paroles de Jésus à ses disciples, (Matth. x, 10) : « *L'ouvrier mérite d'être nourri.* »

Mais des prêtres animés de l'esprit de l'Evangile, ou républicain, rendraient, par leur influence, un éminent service à l'Etat, à la patrie, en lui préparant de bons citoyens, animés du même esprit?

J'en conviens parfaitement.

Pourquoi donc, alors, l'Etat ne les paierait-il pas comme il paie aujourd'hui les instituteurs, les professeurs de collèges ou de lycées, les inspecteurs des écoles primaires, les recteurs d'académie, les juges, les procureurs et substituts, etc., enfin toux ceux dont le temps est employé directement à le servir, jusqu'aux députés, sénateurs, ministres et Président de la République.

En vérité, votre observation est sérieuse. Un clergé dévoué de cœur et d'âme à la République, à ses institutions, employant son ministère à lui créer de nouveaux adhérents et soutiens, mériterait bien d'elle et devrait être encouragé. Mais je maintiens cependant, pour le moment actuel, ma réponse ci-dessus.

Je ne la saisis pas; j'y vois même un peu de contradiction.

J'explique ma pensée.

Il est certain que, si l'Etat n'avait en face de lui qu'un tel clergé républicain, il pourrait le solder des deniers publics; mais ce clergé n'a pas encore, aujourd'hui, donné ses preuves; il n'est pas constitué même, au lieu que le clergé fonctionnant actuellement est, de fait, hostile à la République. Or, en pareille occurrence, il est bon que l'Etat puisse alléguer aux cléricaux eux-mêmes que, ne payant pas les prêtres libéraux ou républicains, il fait bien moins d'injustice en refusant de solder les prêtres qui lui sont hostiles.

Mais ne serait-il pas plus juste et plus loyal de payer les premiers, comme on paie exactement de bons serviteurs, puis de chasser les autres avec ignominie, ainsi que l'on met à la porte un domestique infidèle ou révolté?

Rigoureusement parlant, vous êtes dans le vrai.
Mais, sous le rapport politique, il en est autrement.
L'État serait accusé de se mettre à la place du pape
et de juger infailliblement dans sa propre cause. On
l'accuserait aussi très méchamment de vouloir ache-
ter la conscience des prêtres et les porter à quitter
leur Église anti-républicaine, uniquement par amour
du lucre, afin d'arriver de la sorte aux honneurs, aux
emplois, à l'aisance, et non point par désintéresse-
ment et conviction de la vérité.

Vos réflexions me paraissent fondées en raison.
Mais que pensez-vous de la séparation immédiate,
et sans délai, des Églises avec l'État ? Serait-elle, à
vos yeux, équitable et prudente, autant que loyale ?

Afin de répondre avec justesse, il faut établir une
distinction entre les ministres actuels du culte, en
possession de leur ministère, et les simples candidats.
Rien n'est dû, certes, à ces derniers. Les députés et
les sénateurs agiraient donc dans la plénitude de
leurs pouvoirs en décrétant immédiatement la suppression du budget relativement aux ministres futurs
des divers cultes. Si j'étais député, je voterais des
deux mains ladite suppression. Mais je n'agirais pas
de même à l'égard des ministres actuellement en
fonctions. Tous sont entrés dans le ministère, assu-
rés qu'ils y trouveraient leur pain quotidien. Les en
priver subitement, c'est leur manquer de parole et
les tromper ; car un gouvernement succède aux charges de son prédécesseur. De plus, ce serait une mesure impolitique, imprudente. Elle autoriserait les
prêtres à se poser en victimes du républicanisme, et
les dévotes, se passionnant alors pour ces prétendus
martyrs, les enrichiraient de manière à leur donner

une influence énorme au détriment de la République.

Eh bien, cela me paraît loyal et prudent.

CHAPITRE DOUZIÈME

—

Des conférences anti-cléricales.

Que devraient faire aussi les vrais républicains?

Se concerter pour organiser, dans tous les cantons, des conférences solides, basées à la fois sur la raison, l'histoire et l'Évangile, afin d'éclairer les populations amies de la vérité.

Quels seraient les conférenciers anti-cléricaux?

Les prêtres républicains dont nous venons de parler, lesquels sont plus nombreux qu'on ne se l'imagine. Ils se sont déjà révélés au chiffre de plus de deux mille en France, et de plus d'un cent en Alsace-Lorraine. Il est évident que les prêtres intelligents et consciencieux seraient plus aptes que n'importe quels laïques à démolir pièce à pièce, et morceau par morceau, tous les matériaux dont les papes et les évêques ont construit le clérical édifice, aujourd'hui plus de quinze fois séculaire. Ils le connaissent plus à fond que les laïques; ils le détestent davantage encore, attendu qu'ils sont humiliés, indignés, outrés d'avoir été si longtemps ses dupes et ses victimes. Ils auraient donc, en lui donnant le coup mortel, à cœur de montrer qu'ils étaient de bonne foi dans l'erreur, mais, qu'ayant enfin reconnu la vérité, leur

devoir est de réparer, autant qu'il est en eux aujour-
d'hui, leurs enseignements erronés d'autrefois.

Quel pourrait être le nombre de ces conférences?

Pour les rendre aussi fructueuses qu'attrayantes
et solides, je ne les voudrais pas en nombre inférieur
à douze, et j'estime, à mon sens, qu'il en faudrait
quotidiennement deux, ou matin et soir, pendant six
jours consécutifs, pour que l'esprit des auditeurs fût
à la longue, après la réflexion, totalement subjugué
par l'ensemble des vérités exposées avec logique et
clarté dans lesdites conférences. Quant aux sujets,
ce seraient les suivants :

1° Tout d'abord la *VÉRITÉ, ses droits imprescrip-
tibles, les devoirs rigoureux qu'elle impose à l'homme.*

Je reconnais que c'est là parfaitement débuter.
Montrer que la vérité seule a des droits contre lesquels rien ne saurait prescrire, et qu'elle impose à
tous des devoirs impérieux sous peine, autrement,
de se déshonorer, c'est là poser un fondement iné-
branlable. Ainsi donc j'applaudis de tout mon cœur.
Veuillez continuer.

2° Les sept conférences suivantes résumeraient
chacune, en moyenne, au moins trois conciles géné-
raux et réfuteraient les faux dogmes fabriqués par
eux à dater du premier concile de Nicée, en 325, jusqu'au 21e et dernier, celui du Vatican, de 1869-1870.
Nous appuierions sur les trois grandes institutions
de la papauté dévoyée, à savoir : le *Célibat* du clergé,
la Confession *auriculaire* et l'horrible *Inquisition.*

Les 9e, 10e et 11e conférences rouleraient sur
la *Liberté,* l'*Egalité,* la *Fraternité,* devise à la fois
chrétienne et républicaine, et dont la pratique amé-

nerait la paix universelle et tout le bonheur réalisable au sein de l'humanité.

4° Enfin la douzième conférence aurait pour objet de tirer les conclusions pratiques des onze précédentes. Nous y montrerions le devoir strict pour l'honnête homme, et la nécessité pour les gouvernements, de se séparer, en fait et de droit, de l'Église du mensonge, essentiellement opposée aux doctrines chrétiennes ou républicaines, pour reconstituer la société générale, internationale, universelle en un mot, des seuls amis de la vérité qui rend les hommes et les peuples libres, égaux et frères.

Votre plan est logique et ne peut qu'avoir les meilleurs résultats. Mais les populations ne sont encore, aujourd'hui, guère instruites, et, surtout, elles sont peu capables de garder longtemps, dans leur mémoire et leur esprit, l'enchaînement des vérités qu'elles auront entendues. Ne faudrait-il pas trouver un moyen de leur répéter de temps en temps, en substance au moins, ces vérités si précieuses, pour qu'elles ne soient plus en danger de retourner aux si pernicieux mensonges cléricaux?

Vous avez grandement raison. Mais ce moyen est tout trouvé d'avance. Il consiste à faire imprimer chacune des douze conférences et de les distribuer aux auditeurs sortant de la conférence verbale. En relisant ce qu'elles auraient entendu, les populations resteraient toujours sous l'heureuse et fortifiante impression de la vérité, qui subjugue invinciblement les cœurs droits en éclairant l'esprit.

Le moyen est pratique, et je le trouve excellent.

CHAPITRE TREIZIÈME

De l'instruction républicaine.

Que doit être l'instruction sous la République?

Elle doit être, avant tout, conforme aux principes de liberté, d'égalité, de fraternité.

Comment sera-t-elle conforme à la liberté?

Par la claire exposition, sur tous les points de l'enseignement, de la vérité pure, et non de ce qui tendrait à favoriser un parti politique au détriment de l'autre. Ainsi pourra se réaliser la maxime du Christ : « *La vérité vous rendra libres.* »

Pour atteindre un but si noble, à qui doit-on confier le soin d'instruire et d'élever la jeunesse?

Aux seuls instituteurs et institutrices qui, par leur intelligence et leur moralité, comme aussi par leur indépendance absolue de toute caste, ou de toute congrégation hostile à la République et recevant sa direction de l'étranger, sont capables de former l'esprit et le cœur des nouvelles générations, l'avenir glorieux de la France.

Or, où trouver ces hommes et ces femmes?

Chez les instituteurs et les institutrices laïques. zélés pour la propagation des principes républicains.

L'instruction doit donc être avant tout *laïque?*

Oui, certes, sous peine d'être en dehors du vrai, l'instruction cléricale étant partout le produit d'un système archi-faux, de sa base au sommet.

Comment sera-t-elle conforme à l'égalité?

Si l'État, et non chaque individu, subventionne honorablement les éducateurs de la jeunesse.

Et pourquoi cette différence?

Il est clair que les familles pauvres ne pourraient, par elles-mêmes, faire donner à leurs enfants l'instruction, même élémentaire. Or, cependant, elle importe à l'avenir de toute la nation. Les enfants indigents seraient condamnés, sans elle, à l'ignorance, aujourd'hui comme dans le passé; mais cela contredit l'égalité, tous les citoyens ayant les mêmes droits à l'instruction nécessaire aux besoins de la vie, ainsi qu'à l'exercice entier de la liberté.

Pourquoi les instituteurs et institutrices doivent-ils être *honorablement* rétribués?

D'abord, afin de relever leur fonction, qui compte avec raison pour l'une des plus nobles. Puis, afin d'attirer de bons sujets à cet emploi, qu'ont abaissé les gouvernements réactionnaires voulant régner sur un peuple ignorant, et par là même inhabile à réclamer ses droits. Enfin, pour honorer la France elle-même, en montrant aux autres nations qu'elle ne leur est pas inférieure.

L'instruction doit donc être absolument *gratuite?*

Oui, certes; autrement elle blesserait l'égalité.

Comment sera-t-elle conforme à la fraternité?

Par son caractère *obligatoire*. En effet, ce caractère est le *meilleur* moyen, je dis plus, le *seul* qui puisse en réalité terminer toute discussion fâcheuse entre le père, intelligent et républicain, voulant élever ses enfants pour la patrie et conformément aux lois, et la mère, entêtée ou cléricale, opposant sa *volonté*, que dirige un confesseur, aux droits de son mari, trop souvent réduit à céder pour ne pas rendre sa vie insupportable. Avec l'*obligation* légale, une femme acariâtre ou dévote est impuissante à braver le chef de famille. Ainsi donc l'instruction *obligatoire* est essentiellement conforme à la fraternité.

De plus, cette *obligation* de faire élever les enfants riches et pauvres d'une même commune, ou fraction de commune, à la même école, est très favorable à l'extension de la fraternité générale.

Toutefois ne peut-il pas résulter un grave inconvénient pour les enfants de se trouver ainsi mélangés. les riches avec les pauvres ? L'enfant bien habillé peut s'enorgueiller de se voir mieux vêtu que son camarade, et celui-ci se sentir humilié de ses haillons.

Votre observation renferme un grand bon sens. Mais je suis heureux de vous informer que les républicains de tous les départements font ce qui dépend d'eux pour remédier à ce double inconvénient. C'est en établissant partout le *Denier des Écoles.*

Qu'appelez-vous *Denier des Écoles ?*

Une institution ayant pour but de recueillir les libéralités des hommes de progrès en faveur des enfants pauvres, que l'on habille assez proprement pour n'avoir point à rougir des enfants riches.

Comment fonctionne le *Denier des Écoles ?*

Au moyen de troncs placés dans les cafés, les cercles, les établissements républicains.

Tout citoyen doit-il seconder cette institution ?

A coup sûr, puisqu'il s'agit de la régénération du peuple au moyen de l'instruction de tous ses enfants.

L'instruction *laïque, obligatoire et gratuite* est donc un moyen national de moralisation et de relèvement ?

C'est le plus sûr de tous. S'il est, malheureusement, le plus lent, en tant qu'il n'aura tous ses effets que sur les futures générations, nous devons vite employer les autres moyens plus expéditifs, tel celui de la propagande anti-cléricale et républicaine avec des brochures et des conférences. Cela ne peut que hâter le bon résultat de l'instruction elle-même, en dissipant l'opposition des parents, opposition venant de l'ignorance et des préjugés habilement entretenus par les cléricaux.

CHAPITRE QUATORZIÈME

De la propagande anti-cléricale.

Est-elle un bon moyen de républicaniser la France ? A mes yeux, c'est le plus prompt de tous.

Mais certains écrits, attaquant l'honneur et la vertu du clergé, n'ont fait qu'opérer une réaction ?

C'est qu'il ne faut pas confondre, avec livres *anti-cléricaux*, des écrits orduriers pleins de haine, et dont les auteurs méprisés n'ont d'autre but que de s'enrichir en servant à leurs lecteurs une pâture immonde où n'entre à peu près que le mensonge, ou le parti-pris du dénigrement.

Pour opérer, dans les populations saines de la ville et de la campagne, un revirement du cléricalisme aux sentiments républicains, il faut leur donner des écrits basés sur la vérité pure, empreints de noblesse et de cet amour fraternel qui remplit le cœur de l'honnête écrivain pour ses lecteurs, auxquels il désire avant tout se rendre utile.

Or, comment faire un choix intelligent, puis une utile diffusion de brochures vraiment *fructueuses?*

Par l'établissement de comités républicains dans les chefs-lieux de département, d'arrondissement et de canton.

Qui doit créer ces comités divers?

Ce sont les républicains eux-mêmes.

Comment procéderont-ils?

Dans un chef-lieu de canton, par exemple, ils se concerteront et conviendront du taux mensuel à payer pour devenir membre actif, électeur et éligible aux emplois honorifiques dudit comité. Puis ce dernier, une fois bien constitué, déléguera plusieurs de ses membres les plus instruits, les plus judicieux et pleins d'expérience, afin d'apprécier les opuscules les mieux faits, et qu'il serait le plus opportun de répandre à profusion, vu la disposition des esprits.

Les républicains du chef-lieu seraient-ils seuls membres du comité cantonnal?

Assurément non. Bien au contraire, il faudrait admettre avec empressement ceux des communes et des moindres hameaux ; grouper ainsi les lumières, les ressources pécuniaires, puis exciter, entre les diverses localités du canton, la plus noble et la plus salutaire des émulations patriotiques: celle de relever sa propre commune et son canton spécial par l'envoi de délégués intelligents et capables au comité du chef-lieu d'arrondissement, et même au comité départemental où s'élaboreraient et se prendraient les résolutions intéressant tout le département.

Pourquoi n'a-t-on pas créé plus tôt ces comités divers? Nous n'aurions pas eu nos déplorables échecs du 4 octobre 1885.

Bien certainement. Mais ce n'est pas ma faute, à coup sûr. Lisez les pages 41 et 42 de mon travail : *Du Cléricalisme et des Moyens de le terrasser*, 7e édition. Voilà quatre ans que j'en publiais la première à Montpellier. Voilà donc quatre ans que je recommande aux républicains d'instituer ces comités. Beaucoup, se croyant *fort spirituels*, m'ont répondu que *je me battais contre un mort*, que le cléricalisme est bel et bien *enterré*. Le 4 octobre a montré que ces républicains, *si pleins d'assurance et ne doutant de rien*, ne sont que de vrais *nigauds*, de complets *ignorants* des habiletés du cléricalisme. Il n'est que temps de chercher à réparer la sotte incurie et la dangereuse inaction de ces endormis, ne méritant guère, assurément, le beau nom de *républicain*.

CHAPITRE QUINZIÈME

—

De la guerre et des annexions.

Que pense de la guerre un vrai républicain ?

Qu'elle est la plus monstrueuse abomination quand elle est offensive ; absurde, inique, anti-chrétienne, inhumaine, alors que, purement défensive, on n'a pas employé tous les moyens de la prévenir ; enfin, qu'elle est légitime uniquement pour repousser l'envahisseur injuste.

Ainsi la République n'est pas belliqueuse ?

Au lieu d'attaquer les nations voisines, elle est leur plus sincère alliée et amie, en vertu de son principe éminent de la fraternité des hommes.

Pour prévenir toute guerre, est-il un moyen sûr ?

Oui, si l'Europe était en République. En effet, les nations établiraient une cour suprême ayant pour mission de terminer en dernier ressort les différends internationaux.

Quels seraient les membres de cette cour ?

Des diplomates choisis dans chacun des Etats par leur assemblée souveraine, à la condition que les délégués des Etats en litige assisteraient aux débats en simples avocats soutenant les intérêts de leur pays, tandis que les délégués des Etats neutres rempliraient seuls les fonctions de juges.

Quelle serait la sanction d'un tel tribunal?

Si l'Etat, dont les prétentions auraient été reconnues injustes, refusait de se soumettre et déclarait la guerre à la partie adverse, aussitôt les autres Etats appuieraient la décision susdite en réprimant exemplairement l'Etat agresseur, puis en fixant l'indemnité que celui-ci devrait payer à la nation attaquée, ainsi qu'à tous les Etats ses défenseurs.

Que pense un républicain des annexions?

Que les volontaires seules sont légitimes.

Celle de l'Alsace-Lorraine est donc nulle?

Evidemment, pour ces trois raisons : 1° les Alsaciens et les Lorrains ne se sont pas volontairement annexés à l'Allemagne ; 2° l'Assemblée qui les a livrés ne pouvait disposer de leur liberté civique ; 3° elle n'a pas agi librement.

Quel est le devoir des républicains à ce sujet?

C'est de protester en tout et partout contre cette annexion ; de semer leurs principes de droit dans l'Europe entière, afin d'éclairer les peuples sur leurs vrais intérêts; de préparer une armée innombrable et aguerrie : deux, trois, quatre millions d'hommes au besoin, puisqu'il n'existe pas encore aujourd'hui de tribunal suprême, afin d'appuyer la revendication de nos frères et de nos droits si l'Allemagne, invitée à réparer ses torts envers l'Alsace-Lorraine, opposait opiniâtrément son brutal refus.

Mais une pareille revendication ne serait-elle une guerre offensive, et partant injuste ?

Non ; ce serait, après une trève forcée, la reprise de la défense légitime du territoire, que notre impuissance de 1870-1871 nous a contraint d'ajourner à meilleure époque.

Vous revendiqueriez donc l'Alsace-Lorraine à main armée ?

Assurément ; mais après avoir essayé tous les autres moyens de conciliation, jusqu'à l'offre même d'un milliard, puisque seul, le milliard, agit sur la conscience et le cœur des partisans de la maxime des bêtes fauves : « *La force prime le droit.* »

Comment prévenir les guerres en général ?

Par l'établissement de la République, ou du vrai christianisme, en tous les pays du monde.

Ainsi, l'honnête homme a le devoir d'y contribuer ?

Oui, chacun suivant ses moyens de propagande. En effet, il s'agit ici de la plus noble des causes : de l'affranchissement de l'homme du joug des despotes et des exploiteurs ; du règne de la liberté, de l'égalité, de la fraternité ; ce qui revient au même. il s'agit du retour au *vrai christianisme*, inconnu des uns, répudié par d'autres, dénaturé par les cléricaux, mais dont le triomphe assurerait définitivement la grandeur morale et le bonheur parfait des individus et des peuples.

L'annexion de Nice et de la Savoie à la France est-elle une annexion légitime ?

Evidemment, puisqu'elle fut volontaire.

PIERRE DES PILLIERS,
Propriétaire à Grandfontaine, par Saint-Witt
(Doubs).

L'ÉGLISE PRIMITIVE & L'ÉGLISE PAPALE

———

Pendant quatre cents ans la vérité féconde
Avait, en l'éclairant, vivifié le monde ;
La noble Liberté, par cent moyens divers,
De l'esclave enchaîné faisait tomber les fers ;
La stricte Egalité, qui n'est que la justice,
Excitait la vertu, décourageait le vice ;
Et la Fraternité, captivant tous les cœurs,
Fit les premiers chrétiens des tyrans les vainqueurs.

Qu'ils étaient beaux ces temps où le Christianisme,
Que ne put étouffer l'antique Paganisme,
Attirait le vieux monde à ses divins parfums !
Les fidèles s'aimaient ; leurs biens étaient communs.
Ils ne distinguaient pas le riche avec le pauvre,
Grèce, Italie, Erin, Gaule, Judée, Hanovre,
Pour eux signifiaient diverses régions,
Simples localités, non plus des nations ;
Car ils n'en voulaient point, mais seulement des frères
Suivant de justes lois, et non pas d'arbitraires.
Or, c'est ce qu'aujourd'hui les vrais républicains,
Français, Germains, Saxons, Slaves, Américains,
Proclament de concert par ce mot République
Qui fait trembler des rois la tourbe despotique.

Mais comment cet élan des chrétiens primitifs
N'a-t-il point opéré ses effets unitifs ?
Qui donc a comprimé les mouvements sublimes
De la nacelle humaine à travers les abîmes
Voguant avec ardeur aux abords du progrès ?
Qui donc, du beau navire en coupant les agrès,
L'a forcé désormais d'errer à l'aventure,
Battu de tous les vents, sans voile et sans mâture ?
Qui, sinon l'ennemi de notre humanité ?
Voici donc le discours de Satan révolté :

Ah ! le Nazaréen trouble ainsi mon empire
A m'ôter le pouvoir sa doctrine conspire !
En vain contre lui-même et contre tous les siens
J'ai rempli de fureur les Juifs et les païens !
En vain j'ai fait partout couler le sang du juste !
Mon autorité croule, et, mieux qu'un jeune arbuste
Epand autour de soi ses verts et frais rameaux,
Celle de mon tyran s'étend sur les hameaux,
Les villages, les bourgs, les chaumieres, les villes,
Les palais, les prisons, les forêts et les îles !
Partout l'homme s'éveille au cri de Liberté !
Et mon regne fait place à la Fraternité !
Donc, sans continuer le combat qui m'abuse,
Feignons d'être d'accord et n'usons que de ruse.
Le Christ a déclaré dans un discours formel
Que ses disciples sont de la terre le sel,
Et qu'on ne peut saler s'il vient à se corrompre.
Voici mon plan tracé : dût le travail me rompre !
Il faut que je parvienne à gagner le clergé ;
Puis, l'univers par lui sous mon sceptre est rangé.

Lucifer poursuivant sa pensée infernale,
Va trouver aussitôt la gent épiscopale ;
A son direct hommage il ne s'offrira plus
Comme il fit autrefois à l'égard de Jésus.
Des intérêts du ciel il prendra la défense
Sans même proposer d'humaine récompense.
— Pontifes, dira-t-il, alliez-vous aux rois
Pour garder vos troupeaux sous les divines lois !
Vous tenez, ici-bas, lieu de Jésus, leur maître ;
Jésus étant au ciel, qu'ils le voient dans le prêtre !
Quant au monarque, il est de Dieu lui-même l'oint :
Que son autorité toujours vous vienne à point !

Au lieu de repousser ce langage perfide
En se réfugiant sous la chrétienne égide,
Le haut clergé sourit au souverain pouvoir
Qu'il osa décorer du beau nom de devoir.
Perdant l'esprit du Christ, il tomba dans le piège
Et fit avec les rois un pacte sacrilège.
Cent livres ne diraient tout ce qu'il en advint :
Les rois étaient tyrans ; ce clergé le devint.
Les rois sucent le peuple, et le clergé le ronge ;
Les rois usent du fer, ce clergé du mensonge,

Et, prêts à commander, ou proscrire et punir,
Ils ont tous oublié ce que c'est que bénir !
Si les princes ont su faire les dragonnades,
Poursuivre des chrétiens d'horribles fusillades,
Les prélats plus cruels livrèrent au bûcher
Les corps des mécréants qui n'avaient pu pécher.
Partout ces renégats du divin Evangile,
Aux rois, faute d'amour, ont inspiré leur bile.
Aussi, rois et prélats ne faisant partout qu'UN,
Le vrai chrétien ne doit en reconnaître AUCUN.

Du prélat ou du roi quel est le plus coupable ?
Certes, c'est le premier. Sa soif insatiable
De domination, d'influence et d'argent,
Le rend des potentats le plus habile agent.
Pour atteindre ses fins le pontife rapace,
Ou vous promet le ciel, ou d'enfer vous menace ;
Le haut clergé, de même, est le plus dangereux
Comme étendant partout son pouvoir ténébreux ;
Tandis que les tyrans, bornés à leur royaume,
Frappent de leurs décrets le palais et le chaume.
Enfin, depuis mille ans, dans son chef prétendu,
L'infidèle clergé mange un fruit défendu.
Du Christ foulant aux pieds l'exemple et la morale,
Il a pris sans remords la puissance royale.
Or, pour s'y maintenir, quels crimes entassés,
Ou publics, ou secrets, dans les siècles passés !
Que dis-je ? de nos temps aux sentiments suaves,
Le pontife affolé tue avec ses zouaves.
Mais ce qui mit le comble à son impiété
Fut de s'attribuer l'infaillibilité.
C'est là que l'attendait des cieux le juge même
Qui lui fit arracher le royal diadème
Au moment où tombait son digne protecteur,
Le parjure assassin, l'impérial menteur !

Maintenant, comprenez, ô sages de la terre !
Dieu fait-il assez fort retentir son tonnerre ?
Voulez-vous nous prêcher les pouvoirs absolus
Quand ils se sont montrés, en tout temps, dissolus ?
N'est-ce plus à ses fruits que l'on reconnaît l'arbre ?
Et, bien loin de graver, sur le bronze ou le marbre,
Les maximes du Christ, lumière des humains,
Voulons-nous aux tyrans nous livrer de nos mains ?

Devons-nous retourner à la crasse ignorance,
Principe des malheurs de notre chère France ?
Ou voulons nous, guidés par la moralité,
Sur l'Evangile asséoir l'auguste Liberté ?

O Christ, qui vins du ciel pour relever le monde
Affaissé sous le poids d'un despotisme immonde,
Toi même nous a dit : « *Venez, hommes chargés,*
« *Par moi de vos fardeaux vous serez soulagés.* »
Nous volons à ta voix, te consacrant nos fibres.
De tous nos oppresseurs fais que nous soyons libres ;
Suprême bienfaiteur de notre humanité,
Qui, pour la délivrer, lui dis la vérité,
Envoyé du Très-Haut, qui t'es fait notre frère,
Sois notre chef aimé, prends-nous sous ta bannière !
Nous ne voulons subir nulle usurpation
Des droits de Dieu sur nous ; mais, à l'ambition
Du despote immoral, de ses honteux séides
Dans l'ombre méditant leurs projets homicides,
Nous saurons opposer l'union de nos cœurs,
Et du juste combat nous sortirons vainqueurs

Ainsi sera frappée au sein la tyrannie
Et sur la terre, enfin, régnera l'harmonie,
Vu que la liberté rend les actes moraux,
Et la Fraternité rend les hommes égaux !

PIERRE DES PILLIERS.

CHAMBERY : — IMP. C.-P. MENARD.

www.ingramcontent.com/pod-product-compliance
Lightning Source LLC
Chambersburg PA
CBHW070951280326

41934CB00009B/2056